LA FERTÉ-MILON

(AISNE)

HISTOIRE & MONUMENTS

PAR

Maurice LECOMTE

Licencié en Droit

Membre de la Société d'Histoire et d'Archéologie de Provins
et du Comité Archéologique de Senlis

LA FERTÉ-MILON

LIBRAIRIE BÉFORT-DUPUIS

3, rue de Meaux, 3

—

1895

AVANT-PROPOS

Ces pages sont une simple esquisse faite sans aucune vue d'érudition et à l'aide principalement de l'*Histoire de La Ferté-Milon*, de M. Médéric Lecomte.

Dans de longs entretiens avec M. l'abbé Hazard, curé de La Chaussée, j'avais caressé le projet de composer, en collaboration, un travail d'érudition sur cette ville. Mes autres études d'histoire ne me laisseront peut-être pas le loisir d'accomplir cette œuvre.

Au moment de livrer ces pages au public, que l'on me permette de les placer, malgré leurs imperfections, sous le patronage de la mémoire de l'excellent abbé C. M. Hazard.

L'origine historique de La Ferté-Milon, *Firmitas Milonis*, ou La Ferté-sur-Ourcq, *Firmitas ad Orcum* ou *Urcum*, est féodale et paraît dater de l'époque franque. La cause du terme *Milon* est incertaine. *Firmitas*, qui désignait les forteresses féodales, a donné *fer(me)té*, *ferté*, au moyen du cas accusatif *fir(mi)tatem* et par là chute de la deuxième syllabe, brève et intertonique.

Un rameau de voie romaine, venant de Fismes. passait à Saint-Vast, faubourg de La Ferté, Préciamont et se dirigeait vers Estrées-Saint-Denis (Oise) et Montdidier.

Les HAUTS SEIGNEURS de La Ferté furent les comtes, puis ducs, du Valois, région limitée par la Champagne, le Beauvaisis, la Brie, l'Ile de France et le Soissonnais.

Ce furent : *Herbert II*, comte d'Amiens et de Vermandois, puis sa fille *Hildegarde*, dame de Crépy, mariée en 885 à Valeran, comte de Vexin, et dont le fils Gauthier Ier eut trois fils. L'un, *Raoul (Ier)* eut pour successeur *Gautier II*, marié en 987 à Adèle. fille d'Héribert, comte de Senlis, et mort en 1027.

Raoul II, fils et successeur, exempta de servitudes les religieux de Sainte-Geneviève de Marisy, et mourut en 1030. *Raoul III*, fils aîné et successeur, voisin puissant et dangereux, considéré et craint du roi Philippe Ier, eut trois épouses : *Adelhaïs*, qui lui donna deux fils, Gautier et Simon, et deux filles, et mourut en 1053 ; *Eléonore*, qu'il répudia ; et *Anne de Russie*, veuve d'Henry Ier, mère du roi et fondatrice de Saint-Vincent de Senlis : union illégitime qui le fit excommunier par le pape Alexandre II. Il survécut à Gautier et Anne, et mourut en 1074 à Montdidier. Son deuxième fils *Simon* fit lever l'excommunication moyennant aumônes et messes et restitution des biens mal acquis par Raoul III, transporta le corps de celui-ci à Saint-Arnoul de Crépy, en avril 1077, et se retira au monastère de Saint-Claude (Doubs). Il mourut en 1082.

Le partage de ses biens après 1077 donna le Valois à *Adèle* ou *Alix de Vermandois*, épouse en premières noces de *Hugues-le-Grand*, frère de Philippe Ier, et en deuxièmes (1113), de Renaud II de Clermont. Elle eut pour successeur vers 1123, Raoul IV, enfant du premier lit qui dirigea avec Louis-le-Gros le siège de Vitry, en 1128. La répudiation de sa femme Eléonore, sœur de Thibaud de Champagne, pour épouser Adélaïde, sœur de la reine, le fit excommunier. Raoul, au décès d'Eléonore, voulut réparer les scandales et bâtit l'église de Longpont. Il mourut en 1151, laissant trois enfants dont : Elisabeth, mariée en 1156 à Philippe d'Alsace, comte de Flandre et morte en 1182, et *Eléonore*, qui eut cinq maris et réclama l'appui de Philippe-Auguste contre Philippe d'Alsace qui prétendait à la succession d'Elisabeth. Le roi prit le Vermandois et le comté d'Amiens et se fit céder le Valois, jouissance réservée à Eléonore, qui mourut en 1214. Le chancelier Guérin, évêque de Senlis, en prit alors possession, au nom du roi, en exécution du traité d'Amiens, en 1184.

Le Valois fut retranché *de la couronne* en 1240, par Louis IX, en faveur de *Blanche de Castille*, qui le greva, en mai 1248, envers l'abbaye de Maubuisson (Pontoise) de dix muids de blé à percevoir dans les greniers de La Ferté, à la Toussaint. *Retour à la Couronne* en 1252, puis *cession* par Louis IX à *Tristan*, son fils, mort en 1270 et *retour*. Philippe III le Hardi donne le 29 mars 1284, à *Charles de France*, son deuxième fils, les Châtellenies de Crépy, *La Ferté-Milon*, Vivières, Pierrefonds, Béthisy-Verberie (comté de Valois) qui s'augmentèrent en 1354 de celles d'Oulchy et de Neuilly. On sait la présence à La Ferté de : *Charles* en 1293, et de Philippe-le-Bel, son frère, le 29 octobre 1308 et son départ le 30 pour l'abbaye de Longpont, où il séjourna jusqu'au 5 novembre. *Charles* abolit, le 19 avril 1311, dans le Valois, la mainmorte, le formariage et toute servitude personnelle moyennant 21,000 livres parisis à forfait (288,750 fr. environ).

En 1321, Philippe VI de Valois recevait des domaines de La Ferté et de Crépy, un produit de 40,000 livres non compris les bois.

Le Valois passe à *Philippe d'Orléans*, puis en novembre

1386 à Louis, son frère, qui fit construire les châteaux de La Ferté, en 1393-1394, Pierrefonds, etc., et transforma, en juillet 1406, le comté de Valois en duché-pairie ; ensuite son fils et héritier *Charles*, mort en 1466 ; *François d'Angoulême* (1499) qui, devenu roi, le donna à Jeanne d'Orléans, sa tante, en 1516, mais en garda l'administration.

Le duché fut transmis à *Marguerite*, femme du *Roi de Navarre* 1582-1625 ; réuni *à la couronne* ; concédé, en janvier 1630, en pairie à *Jean-Baptiste Gaston*, enfant d'Henry IV et de Marie de Médicis ; réuni *à la couronne*, en 1660, puis transmis à *Monsieur (Philippe I*ᵉʳ *de France)* le 10 mars 1661. à *Philippe II*, duc de Chartres et d'Orléans, le 9 mars 1701 ; à *Louis-Philippe*, duc de Chartres et d'Orléans, le 5 février 1752, guillotiné le 6 novembre 1793, sous le nom de Philippe-Egalité. Son fils, *Louis-Philippe-Joseph*, est le dernier duc de Valois : titre éteint en 1790.

SEIGNEURS ENGAGISTES. — Charles de Valois céda vers 1430, à sa sœur *Marguerite*, femme de Richard de Bretagne, seigneur de La Ferté, cette ville à titre d'engagement, avec la seigneurie de Gandelu et Vertus comme dot. Un de ses enfants. *François de Châlons*, céda à sa sœur Catherine, sa portion de La Ferté, Gandelu et Luzarches, sous réserve de quelques dépendances de la seigneurie de La Ferté, notamment le moulin Lecomte, près Chouy, qu'il possédait encore en 1475. *Jean de Châlons*, seigneur de Luddes, fils de Catherine, décédé en 1476, obtint de Louis XI (Arras, septembre 1437) de jouir des terres de La Ferté.

De Philipote de Luxembours, il eut : *Gauthier*, et Claude, épouse de *Henry de Nassau. prince d'Orange*, dont l'engagement, fini en 1498, fut racheté par le *duc d'Orléans* pour 8,000 écus d'or de 64 au marc.

A la mort de Gauthier, François Iᵉʳ donna La Ferté, en 1517, à *Marie de Luxembourg. comtesse de Vendôme.*

Suivant une autre opinion. après Gauthier, le seigneur engagiste aurait été Jacques Iᵉʳ de Beaune, baron de Semblançay. mort au gibet de Montfaucon le 10 août 1527 ; le domaine rentra au duché jusqu'en 1582, puis passa à sa petite-fille, *Charlotte de Beaune.*

Louis de la Trémoille, marquis ae Noirmoutiers, se qualifiait en 1647 seigneur de la Ferté-Milon, y habitait et l'aurait cédée à sa fille *Anne-Marie.* qui vendit à *Monsieur*, frère de Louis XIV, la seigneurie de Charcy, le 28 juin 1681, et lui remit tous ses droits en 1704.

SEIGNEURS CHATELAINS. — Le premier connu est *Thibault File Etoupe*, forestier du roi Robert.

Son fils *Guy* fit remise, en 1035, aux habitants de Marisy, des corvées et tributs à condition de fournir les fascines et pieux pour l'entretien de son castel. De sa femme Hodierne, il eut notamment *Milon-le-Grand*, seigneur de Montlhéry et de La Ferté-Milon, exclu par Philippe Ier, roi de France, du gouvernement de la seconde seigneurie.

Hugues-le-Grand, partant en Terre-Sainte en 1096, laissa le gouvernement du château à *Hugues-le-Blanc*, qui aida à l'établissement du Charme et de Valsery, fondé par des ecclésiastiques restés en communauté à la garde des reliques de Sainte-Clotilde à Vivières, signa, vers 1122, la donation par Hugues de Pierrefonds, évêque de Soissons, au monastère de Saint-Germain-des-Prés, de l'église de Nogent-l'Artaud, et remplaça les clercs séculiers de Saint-Vulgis par des clercs réguliers.

Marié en 1110 à Elvide, (Héloïse) il en eut *Guillaume* qui eut de Libille, *Geoffroid*, châtelain en 1131. Celui-ci confirma la donation aux religieux, de la terre de Longpont, relevant de La Ferté.

On trouve ensuite *Eudes* ou *Odon le Turc*, en 1145 ; *Jean II le Turc*, son fils, mort en 1154; *Raoul le Turc*, fils du précédent, bienfaiteur de Longpont: sa femme Adèle donna en 1159, au monastère de Collinance le bois des Closeaux.

Il fut présent à la charge de fondation (1182) de Saint-Thomas de Crépy, par Philippe d'Alsace, et eut, en 1183, le sauvement et la protection des biens de Sainte-Geneviève de Marisy. Son fils, *Jean le Turc*, lui succéda en 1210 et eut *Nivelon le Turc*.

. FAITS CHRONOLOGIQUES. — Hemogaldus, seigneur de Marisy, donna asile, dans son château, aux reliques de Sainte-Geneviève, en 851 et 884. En 884, elles restèrent une nuit au château de La Ferté. Un service anniversaire s'est longtemps chanté le 28 octobre et cessa faute de rétribution sous Charron, curé de Notre-Dame, 1750-1761.

Hemogaldus donna au chapitre de Sainte-Geneviève de Paris, l'église de son château et les revenus.

En 1270, une taille extraordinaire est imposée aux habitants de La Ferté-Milon.

L'an 1293 est signalé par un long séjour de Charles de Valois.

Vers 1330, à La Ferté, le muid de blé se vendait 30 sols parisis, la mesure d'avoine 45 sols 7 deniers, etc.

Louis d'Orléans fit, en 1393-1394 « rebastir et eslever sur les vieux et anciens fondements....un assez beau chasteau » et fut assassiné en 1407. Ses fils prirent les armes et, après la reddition de Pierrefonds, eut lieu celle de La Ferté-Milon à Valeran, comte de Saint-Pol, en 1411. Ce « fort chastel » dut ensuite se rendre aux Anglais, commandés par Villiers de l'Isle-Adam, en juin 1422 et que les troupes royales ne purent faire déguerpir. En 1429, Jeanne d'Arc et Charles VII passaient dans la cité Milonaise.

François Ier d'Angoulême exempta, en 1504, les habitants des droits sur les blés, la farine et le pain, et fit en 1515 des réparations au château.

Pendant les guerres de religion, 28 moines de Longpont se réfugièrent à la léproserie de La Ferté et la ville fut prise en novembre 1567 par des Huguenots qui firent des prédications à Saint-Nicolas.

Le 24 octobre 1572, 40 maisons furent incendiées dans la rue Bourgeoise, aujourd'hui ruelle joignant la rue Saint-Lazare au haut des Gallets.

En 1573 « les ouvrages n'alloient point », le blé valait à La Ferté 4 livres le pichet ; en 1577, l'écu 6 livres, le franc 2 livres, le teston 30 sous, le carolus 5 sous ; en 1578, moitié moins.

Courroucés de l'assassinat du duc de Guise, les Ligueurs frappèrent la ville de 3,753 livres 20 sous de contribution (janvier 1589) et se retirèrent après avoir jeté du haut des murailles le gouverneur du château, Denis Héricart, qui refusait de se soumettre.

Le château, pris par une troupe de bandits, en 1589, fut repris par les bourgeois, puis par les Ligueurs, dont le chef, Antoine de Saint-Chamans, bon capitaine et administrateur, refusa de se rendre au duc d'Epernon, envoyé en mars 1591, par Henri IV pour soumettre La Ferté-Milon et Pierrefonds. Gontaut-Biron, en 1591 et le roi, le 11 janvier 1594, ne furent pas plus heureux. Saint-Chamans, après un autre siège, se rendit ainsi que le château et la ville, à Henry IV, le 14 septembre. Celui-ci fit démolir la forteresse par de Belleau, sous la surveillance du capitaine *Laruine* (7 nov.-25 déc. 1594) : le rôle militaire de La Ferté-Milon dans l'histoire est désormais effacé.

La ville garda néanmoins des murailles et soutint, en octobre 1652, pendant la Fronde, un rude siège dirigé par le duc de Lorraine, et fut prise et saccagée. L'intendant de la généralité de Soissons fit remise d'une partie de la taxe, le 4 juin 1654.

Un édit du roi (août 1758) taxa la ville, pour sa part dans un don, à 1800 francs, réduits d'un tiers selon le vœu d'un mémoire du subdélégué Milonais Godard. La cherté du blé provoqua une émeute le 5 mai 1775 ; le maire brisa sa canne sur le dos d'un mutin et le jeta en prison.

La naissance du dauphin, le 11 novembre 1781, fut saluée par un *Te Deum* en présence du duc de Gesvres, qui reçut à la porte de Meaux les clefs de la ville et entra triomphalement.

1789 ! La Ferté-Milon envoya aux assemblées du Tiers-Etat, à Villiers-Cotterets, le 13 mars, Jérôme-Denis de Crouy, prévôt, Aubry-Dubochet, lieutenant, Lamy, procureur, et Hautefeuille. Aubry-Dubochet fut député aux États Généraux pour la bourgeoisie ; et Lamy, prieur de Saint-Lazare, comme suppléant de l'abbé de Warel, curé de Marolles, pour l'ordre ecclésiastique.

La plateforme du château-fort vit célébrer, le 14 Juillet 1790, la fête de la Fédération, et publier, le 16 octobre 1791, la Constitution française : et le 21 février 1792, l'arbre de la Liberté fut planté sur la place du Vieux-Marché.

En 1793, les habitants donnèrent l'hospitalité à d'anciens religieux de Bourgfontaine, de Sainte-Geneviève, de Saint-Lazare et à six filles de Saint-Michel.

Le passage (28 février 1814) de Blücher et Sacken coûta à la ville 343,000 francs, chiffre officiel.

Très peu de Milonais se rappellent la cérémonie d'érection de la statue de Jean Racine. en 1833.

MUNICIPALITÉ. — L'octroi d'une charte communale faisant La Ferté *ville de bourgeoisie* est dû (mars 1215) à Philippe-Auguste, qui exempta la ville, en 1222, de la main-morte et du formariage, moyennant un impôt annuel de 40 livres parisis. Les privilèges communaux de La Ferté, sanctionnés par Louis XI, furent abolis par Philippe VI, à la demande des bourgeois qui se soumirent à l'administration royale. Une ordonnance de 1256 avait fixé la nomination du maire par voie élective. La charge de maire devint vénale et perpétuelle, en 1692. Le régime administratif de 1789 fit de La Ferté un chef-lieu de canton, transféré ensuite à Neuilly-Saint-Front. Parmi les premiers maires, signalons François de Montholon, général de brigade (1789-1791) et Aubry-Dubochet, 1791, an II.

JUSTICE. — La Châtellenie de La Ferté, convertie sous Saint-Louis, en prévôté simple, relevait de la grande sénéchaussée de France, puis du bailly royal de Senlis. En 1270, Philippe III le Hardi la réunit à celles de Vivières, Crépy, Pierrefonds, Béthisy-Verberie, pour former le comté de Valois, avec bailliage général. Le bailly était, en 1293, Gautier Vaubert. Philippe VI dota La Ferté d'une prévôté en titre (ordonnance de Bourgfontaine, 18 mai 1329). En octobre 1341, les assises générales du bailly de Senlis se tinrent à La Ferté pour le jugement des cas royaux dont un édit de François Ier, en 1515, rendit la connaissance au bailly de Crépy.

La châtellenie de La Ferté fut placée, en janvier 1551, par Henri II, dans la circonscription du présidial de Senlis ; puis en 1595 dans celle du présidial de Soissons ; et en 1703 elle redevint prévôté jusqu'en 1758 et fut rattachée en 1780 au bailliage de Villiers-Cotterets.

La Ferté fut pourvue, en 1789, d'une justice de paix ensuite transférée à Neuilly-Saint-Front.

La *Coutume* en usage au moyen-âge était la *Coutume du Valois*, codifiée pour la première fois dans un recueil « *Des Coutumes du Vermandois et de Valois* » rédigé entre 1083 et 1168. A la rédaction préparatoire du « *Nouveau Coutumier du Valois* » imprimé en 1540, La Ferté-Milon fut représentée : le clergé par Jean Mathieu, prieur de la Madeleine ; Jean Tempeste, prieur de Saint-Vulgis ; Thibault Pelisse, prieur de Saint-Vast ; Nicolas Daverdoing, curé de Charcy et de Saint-Nicolas ; la noblesse et la bourgeoisie par Simon Drouart, lieutenant ; A. Bourgeois et G. Lombard, échevins ; N. Remy, argentier de la ville.

ARMOIRIES — Elles sont incertaines : 1° les plus accréditées : *d'azur à la tour d'argent maçonnée de sable ;* 2° d'azur à la salamandre couronnée, environnée de flammes, avec la devise *nutrisco et extinguo* : armes de François Ier qui les fit placer sur la tour rétablie sous son règne à l'entrée de la ville, vers la rivière, tour détruite ; 3° d'azur au crocodile à 40 pieds, passant d'argent.

COMMERCE, INDUSTRIE ET STATISTIQUE. — La Ferté avait moulins et huileries avant 1545. Il s'y établit avant 1724, quatre manufactures de chapeaux, poudre, amidon, serge : toutes ont disparu. La Ferté avait, en 1724, 40 maîtres tisserands et plus de 50 métiers, des blanchisseries estimées, 3 tanneries-corroieries, 6 mégisseries, 3 tuileries et briqueteries. La draperie dura jusqu'en 1734 ; la bonneterie jusque vers 1770.

Une tourbière fut exploitée au XVIIIe siècle entre Marolles et Bourneville. L'extraction des pierres dures à Mosloy et sur le versant de la route de Meaux a récemment été reprise.

Henri II permit l'ouverture d'une boucherie publique en 1557.

La rue des Juifs est un souvenir du comptoir de change que les Juifs y tenaient. Les monnaies employées etaient le sol parisis, le sol tournois, le sol nérèt et la monnaie de Provins.

Dès 1250, les bourgeois de La Ferté avaient droits restreints de chasse et de pâture et droit aux branches mortes, confirmés en 1291 et 1505, puis supprimés, sauf le dernier.

Des lettres patentes de 1502, des édits de 1662 et 1728 traitaient la question de l'octroi.

Le *Vieux Marché*, faubourg supérieur de la ville, rappelle un marché abandonné au XVIIe siècle : la halle fut détruite en 1765.

Le marché du vendredi est antérieur à 1765. Les foires sont fort anciennes : vendredi de la troisième semaine du carême, vendredi après le 22 juillet et le 9 octobre. Un décret du 13 mai 1851 les a confirmées.

En 1591, la ville avait des revenus considérables.

Population : en 1698, 1,600 habitants ; en 1760, 2,051 habitants ; en 1818, 1,868 habitants ; en 1862, 1896 habit.

CHATEAU-FORT. — Le fort primitif consistait en murs peu élevés et palissades avec pieux et fascines que les habitants de Marisy fournissaient. La grande enceinte triangulaire *(cingulum majus)* renfermait une enceinte plus petite *(cingulum minus)* décrite par de fortes murailles et au milieu de laquelle s'élevait le donjon où habitaient le veilleur ou chevalier du guet, le garde, l'asinaire ou pourvoyeur, le portier.

Louis d'Orléans (1393-1394) maintint et consolida le grand mur d'enceinte autour duquel on compte 24 tourelles occupant chacune 70 mètres carrés. Cette ceinture présentait 4 portes flanquées de 2 tours : à l'entrée de la ville-basse, sur la rivière ; à l'entrée du faubourg de la Pescherie ; au faubourg du Vieux Marché ; vers la plaine, au chemin haut de Bourneville. Les murailles étaient défendues dans le bas par la rivière, d'autres parts par de larges fossés. L'église Notre-Dame était dans la grande enceinte, ainsi que l'hôtel du châtelain. La petite enceinte renfermait la chapelle Saint-Sébastien ; plus tard chapelle Saint-Vulgis.

Les 4 portes étaient précédées de fausses portes : une à Saint-Vast, une en haut du marché, 3 dans la chaussée au-dessus de l'impasse du château (rue des Maillets), entre l'église Saint Nicolas et la Madeleine et en face la ruelle Porte aux Lettres (allée des Soupirs).

Des 23 tourelles, il en reste treize. Celle à l'entrée de la ville a servi de mairie jusqu'au 1er juin 1756. Une tour de la porte Saint-Vast s'est écroulée en 1745. La poterne du chemin haut de Bourneville a disparu en 1785 ; celle de Saint-Vast a été renfermée en mai 1796.

Le monument élevé par Louis d'Orléans était majestueux et formidable. « Les constructions furent soudainement abandonnez comme plusieurs autres siennes entreprises. » Le pan de murs qui, vers la ville, présente la régulière série de pierres de saillie prêtes à recevoir un raccordement, exprime bien l'idée d'inachèvement. La façade, vers l'occident, d'une étendue de 102 mètres, est bien conservée. Au centre, la *porte principale* avec herse et pont-levis, surmonté d'un superbe frontispice. Deux grosses tours à angles l'accompagnent ; une courtine robuste relie celle de gauche à la massive tour carrée de l'angle nord-ouest, dite *Tour du Roi*, qui commande la vallée, descend sa base jusqu'au-dessous de la rue de Meaux et développe une hauteur d'environ 65 mètres, desservi par un escalier en spirale, dont la cage est vide depuis le niveau de la cour du château jusqu'au sommet. La partie inférieure est comblée. Une échauguette est suspendue à l'angle du sommet.

Une courtine relie la tour de droite à une moindre tour ronde qui forme l'angle sud-ouest du château et d'où part le mur d'enceinte. Celui-ci parcourt un kilomètre en dessinant un triangle et se relie à la *Tour du Roi*.

Aux quatre tours, quatre niches fleuronnées renferment les statues, mutilées, en pierre, de preuses. Au-dessous, l'écusson de Louis d'Orléans supporté par deux génies : de France, brisé d'un lambel à 3 pendants.

Au frontispice, beau morceau de sculpture richement encadré : une femme et un enfant dans une attitude suppliante devant Dieu qui, de la main droite, bénit, et, de la gauche, tient appuyé le globe sur un genou. Derrière les suppliants, trois anges debouts. Une colombe couronne le sujet.

Le congrès archéologique de 1887, qui sous la conduite de M. Louis Courajod, conservateur au musée du Louvre, visita les ruines, reconnut bien dans le sujet du bas-relief le *Couronnement de la Vierge*. M. Courajod pensa que l'auteur en était *Jean de Liège*, et que cette œuvre, la première de la Renaissance française, était antérieure à ce qu'a produit la Renaissance italienne. M. Frédéric Henriet analysa l'œuvre d'après le moulage qui fut reproduit et exposé au Trocadéro et ne crut pas pouvoir y trouver trace d'influence flamande. Le « goût sobre et pur » et le « style élevé » du bas-relief le lui firent attribuer à « l'Ecole de l'Ile de France, à laquelle nous devons les plus beaux types du XIIIe au XVe siècle et dont les productions nous paraissent bien supérieures à celles des écoles de Flandre et de la Bourgogne. »

Il fut en outre bien reconnu que le personnage magistralement assis qui prononce le « *veni, coronaberis* » n'est pas Jésus-Christ partout représenté tenant d'une main, ouvert, le livre des Evangiles et, de l'autre, bénissant ; mais Dieu le Père, la main posée sur le globe terrestre, suivant l'habitude constamment observée.

Les appartements du château comptaient rez-de-chaussée et deux étages ; la division horizontale apparaît encore.

A 28 mètres de hauteur, sommet des courtines et des tours, on voit un étage de mâchicoulis, couvert autrefois d'un chemin de ronde fermé et peut-être aussi d'un étage de créneaux et meurtrières.

Les murs ont à la base 18 mètres d'épaisseur. Des barbacanes ouvertes à l'extérieur attestent qu'il y eut sous les courtines une galerie.

On ne voit plus qu'un des deux étages de salles et galeries qui ont dû composer le sous-sol. Ces salles dallées ont en moyenne 3 m. 50 de hauteur et voûtes ogivales. Il n'y a plus trace de peintures murales qui y *auraient* existé.

Le monument a été construit avec de la pierre prise à 500 mètres, vers Marolles, au Fossé-Rouge.

En 1779, était capitaine du château Durey de Meynières ; il recevait 50 francs sur les revenus de la ville.

Le château était alimenté avec les eaux venant des Effonténieux par le Marché, maintenant transmises à la ville par une fontaine.

Le château de La Ferté-Milon, monument historique, semble devoir rester dans son respectable linceul de poussière et de ruines. Il faut applaudir au soin de la municipalité milonaise à entretenir cette résurrection du génie d'un autre âge.

EGLISE NOTRE-DAME (*Monument historique depuis février 1843*). — Elevée à mi-côte, dans la grande enceinte du château, jadis *Chapelle Fouquet*, elle paraît conserver du XIIIe siècle quelques piliers carrés du collatéral gauche. Ceux du collatéral droit, élancés, à base octogone, datent de 1528. A cette date, on construisit, mais la nef, le chœur et les collatéraux en restèrent aux entablements. Une charpente en bois et une voûte en planches, avec entraits apparents, consommèrent l'œuvre (XVIIe siècle). *Catherine de Médicis* adapta en 1563 un sanctuaire à chevet demi circulaire percé de cinq larges fenêtres et attribué à Philibert Delorme. Trois bandeaux plats, à figures et fleurons, se réunissent à l'axe de la voûte hémisphérique. A l'extrémité Est du bas-côté nord (partie rétablie en 1767) est l'autel dédié le 10 janvier 1529 à *Saint-Vast* par Jean de Pleurs, évêque de Soissons. Sous le chevet, une chapelle demi-circulaire, à 3 fenêtres dont une à meneaux est de plain pied avec le sol extérieur et communique avec l'église par un escalier qui aboutit à l'autel Saint-Vast. La voûte est intéressante par ses nervures et enlacements. Le *portail* (XIIIe siècle) est flanqué à chaque côté de 3 colonnettes séparées par des pilastres angulaires, en retraite et offrant des chapiteaux à crochets. Au-dessus de l'ogive, une rosace. A droite du portail, une *tour* carrée d'une hauteur totale de 26 mètres, dont le bas appartient à l'ogival flamboyant. Chaque face offre 2 larges et hautes baies à plein cintre, séparées par un meneau, remplies de 6 auvents et enguirlandées de pancarpes de choux frisés. La corniche porte des balustrades découpées en X reliant 4 tourelles à clochetons construits en 1563. Un clocher central en poinçon domine la tour. 4 niches, privées de leurs statues des 4 évangélistes, sont couronnées de dais finement fleuronnés.

On utilisa, en 1859, les pierres de voussures disposées en 1528, à la naissance des arcades. L'ogive naguère en planches du bas-côté droit a maintenant nervures, boudins, diagonales. Restauration semblable avait eu lieu au bas-côté gauche peu d'années avant.

En 1750, le dallage en pierres tombales fut recouvert d'un carrelage en pierres d'Ancienville. Le tabernacle et le gradin, bénits le 14 décembre 1750, sont en marbre. Le baptème de Clovis par Saint-Remy, auquel assistent Saint-Vast et Saint-Vulgis, est le sujet d'un tableau.

Le *cimetière* dit *des Innocents* qui entourait l'église, bénit le 8 mai 1661, par Charles III de Bourbon, évêque de Soissons, a été interdit dès le 1er janvier 1812.

Sur la place voisine, une croix de pierre supportant un pupitre où l'évangile était chanté le jour des Rameaux, a laissé place à une fontaine d'où s'élève un piédestal surmonté d'un buste de Racine.

Le 24 juin, le prieur y allumait un brandon en présence d'une procession solennelle.

A défaut de composition harmonieuse, l'église Notre-Dame a de beaux vitraux, d'une exécution franche et d'un coloris pur, la plupart du XVI siècle.

Collatéral Nord. — Fragment : deux évêques ou abbés debout, mitrés et crossés ; mitres déprimées, triangulaires ; chasubles relevées sur les bras, XIV ou XV° siècle.

Autel Saint-Vast. — Fenêtre flamboyante, à meneau prismatique, formant 2 ogives trilobées : légende de Saint-Hubert. A la rosace supérieure, le Père Eternel.

A droite du sanctuaire : le Sacrifice d'Abraham en trois sujets et un anachorète (Saint-Vulgis ?)

Chapelle de la Sainte-Vierge. — Neuf sujets répartis dans une fenêtre flamboyante, divisée en 3 baies ogivales par 2 meneaux prismatiques, surmontés d'accolades : Le Père Eternel ; 2 anges portant la colonne de la flagellation et la croix ; Jésus au pied de la croix sur les genoux de Marie ; Saint-Jérôme et le lion, Jésus tombé à l'entrée de Jérusalem à laquelle le peintre verrier a donné l'architecture militaire du moyen-âge ; Jésus en croix entre les deux larrons ; Résurrection ; enfin un chevalier priant, près de Saint-Jacques de Compostelle, et une princesse près de Saint-Jean. Ce sont : Jacques de Bonneval, bâtard de Vendôme, gouverneur de Valois, avec les armes de France brisées de 2 bâtons de gueules, croisés en sautoir, la date de 1526 (placement du vitrail) et une inscription ; et Jeanne de Rubempré, veuve, avec blason losangé (signe de veuvage) parti Bourbon-Vendôme, parti de Rubempré. Le troisième panneau représente 7 jeunes gens et 7 jeunes filles, à genoux, priant. Le mariage Vendôme-Rubempré n'eut pas 14 enfants.

Parmi les *curés de Notre-Dame*, signalons : Martin *Citolle*, moine de Sainte-Geneviève de Marisy, en 1612, plus tard curé de Sainte-Geneviève de Paris ; *Nicolas Colletet* (1626-1644) qui écrivit et signa l'acte de baptème de Racine ; *Guillery*, profès (1636) de Sainte Geneviève, mort le 15 février 1673 ; *Daguet* (1811-1812) né à La Ferté le 4 nov.

1753, principal du *collège* de cette ville, en 1786 ; Nicolas-Joseph *Hazard* aîné, janvier 1860-1893. M. Maréchal.

Eglise Saint-Nicolas. — En 1460, Jean Millet, évêque de Soissons, accorda aux Milonais sur leur demande, le 23 juillet, une chapelle de secours dont l'emplacement fut béni le 7 septembre 1490 et qui fut dédiée à Saint-Nicolas le 28 août ou 27 septembre 1491. Les reliques de la vraie croix et de Sainte-Séverine y ont été remises par la maison de Saint-Lazare à Louis de Livry, curé de Marolles, le 6 mai 1703.

Les curés de Saint-Nicolas résidèrent jusqu'en 1570 à Charcy, puis près et au-dessus de leur église, ensuite dans une maison donnée le 11 janvier 1737 par Véreux, officier du grenier à sel.

Saint-Nicolas a appartenu au doyenné de Coyolles.

Dans l'église, profusion de riches verrières (1542-1549-1598).

Louis XIV, passant à La Ferté en 1654, aurait visité avec sa suite cette église ; et le diable rouge du 7e vitrail et le cardinal Mazarin auraient été plaisamment rapprochés.

Les vitraux de Saint-Nicolas ont été morcelés et déplacés maladroitement. On remarque les deux verrières du collatéral droit reproduisant l'Apocalypse, en 17 médaillons ; la date de 1598 et les deux écussons de gueules à chevron d'argent et 3 besants d'or, sur le premier vitrail à gauche du sanctuaire ; la date 1542 sur le deuxième vitrail du même côté ; celle de 1575 et les initiales I. P. en un médaillon représentant un prêtre à genoux, au premier vitrail à droite du sanctuaire.

La furie révolutionnaire de 1793 épargna ces vitraux que le sonneur Dubois avait blanchis à la chaux pour les dissimuler. Sa femme cacha chez elle les ornements d'autel et les habits sacerdotaux.

Les cloches ne furent pas descendues.

De la cavalerie parqua ses chevaux dans l'église convertie en halle.

Après la Révolution, Saint-Nicolas fut garni d'objets venant du couvent de Saint-Michel : l'autel, le tabernacle, les deux anges d'entrée du chœur, le banc d'œuvres Louis XV orné des statues de Saint-Michel et de Sainte-Claire, le tableau représentant l'Adoration des bergers, et le lutrin en fer forgé. Quant aux apôtres Saint-Pierre et Saint-Paul, dans le chœur, ils viennent du couvent de Bourgfontaine.

Le tableau sur bois qui représente Jésus disant à ses disciples : « Laissez venir à moi les petits enfants » est attribué à Fréminet (XVIe siècle) et a été donné par le général Dumas.

La table en bois doré, à marbre rouge, dans le chœur, et le confessionnal, sont Louis XV. (Communications de M. Bordier, de La Ferté, que je remercie vivement.)

Parmi les *curés de Saint-Nicolas*, signalons : Paul (1498-1538) et Nicolas (1538-1556), d'Haverdoing, oncle et neveu, notaires apostoliques ; Jean Lemaire, 1627-1650, qui possédait en 1634 l'hôtel de L'Homme Sauvage ; Gilles Lehault (7 juin 1676-1735) dont la pierre tombale sert de marche à la petite porte nord de l'église Notre-Dame ; Charles Vallet (mai 1777) qui s'enfuit après avoir remis, le 3 novembre 1792, à Pierre-Louis Breffort, officier public, les registres d'état-civil de sa paroisse ; *Constantin-Maurice Hazard* (1860) né à Saint-Erme en 1821, décédé à La Ferté en 1894 ; *M. Henri Maréchal.*

CHARCY. — Cette seigneurie, qui renfermait également Bourg-Fontaine et La Chaussée, sauf ce qui, de celle-ci, ressortissait de Saint-Vast, était en 1157 à Guillaume Guillard et un peu avant 1181, au chanoine Lisiard. Pierre de Cramoiselles et Jeanne.... sa femme vendirent ce domaine en juin 1260 pour 800 livres au chapitre de Soissons représenté en l'acte par Jorrand de May, prévôt. Ce chapitre le céda en 1563 pour 5391 livres 13 sous 4 deniers à Renaud de Beaune, conseiller au Parlement, archevêque de Bourges puis de Sens, qui reçut de Henri IV son abjuration. Il fit construire à Charcy, en 1563, une habitation qui fut brûlée en partie par les Lorrains, en 1652, restaurée et qui existe encore (habitation de M. Potel). Il fut parrain à La Ferté, le 18 septembre 1577 et mourut en 1606. Sa terre échut à sa nièce Charlotte de Beaune, dont la petite-fille, comtesse de Chalain, la vendit, le 28 juin 1681, à *Monsieur* qui l'échangea aux religieux de Valséry. Les évêques de Soissons en jouirent comme seigneurs jusqu'au 14 juin 1778. La Révolution fit diviser et vendre la terre de Charcy à des particuliers : Jérôme-Denis Decrouy tint le château dès le 18 mars 1791.

Charcy avait, dès le XIᵉ siècle, une église, Saint-Pierre, dont Brulard de Sillery, évêque de Soissons, ordonna la destruction et fit vendre les matériaux, le 19 février 1696, par Gilles Remi, sergent royal à La Ferté. L'emplacement en est traversé par la route vicinale de Silly. La Justice seigneuriale de Charcy avait bailli, procureur, greffier, huissier et audiences à la Grand'Maison.

BOURGFONTAINE (*Chartreuse de*). — Fondée vers 1320, dans une partie de la forêt de Villiers-Cotterets, donnée aux Chartreux avec une rente de 600 livres, par Charles de Valois. Le maître autel de l'église, spécimen de la sculpture sur bois au XVIIᵉ siècle, était à l'institution Saint-Charles de Chauny et fut brûlé dans l'incendie de cette maison, il y a quelques années. C'est de Bourgfontaine que viennent le lutrin en fer forgé et les deux belles statues en bois qui sont dans le chœur de Saint-Nicolas. Les ruines de la Chartreuse sont visibles encore ; la maison a été transformée en ferme.

EGLISE SAINT-VAST. — L'oratoire de Saint-Vast fut cédé par Hilgat, évêque de Soissons, au chapitre Sainte-Geneviève de Marisy, en 1075. Sévin, doyen de ce chapitre, y installa des chanoines séculiers qui rebâtirent l'église. Consacrée en 1075, elle subit des destructions réparées au fur et à mesure et existait encore en 1789. Après la Révolution il n'en resta plus que le chevet demi-circulaire du transsept droit.

Les chanoines séculiers furent, vers 1122, remplacés par des chanoines réguliers.

En 1192, Eléonore de Valois fit présent à Saint-Vast d'un vivier situé près la collégiale de Saint-Vulgis et d'un muid de blé à prendre sur la grange de La Ferté.

L'office paroissial cessa vers 1563 lors de la construction de l'église Notre-Dame.

SAINT-VULGIS. — Anachorète qui vécut en retraite entre Marisy et La Ferté (V-VI° siècles). Ses reliques furent transportées de Trouësnes au XI° siècle, au château de La Ferté, dans une chapelle de Saint-Sébastien, dès lors de Saint-Vulgis. Le cercueil, resté à Trouesnes, fut relevé vers 1620, contre le mur nord de l'église, dans le chœur. La châsse, ornée d'une figure en vermeil du saint, en 1390, par la générosité de Louis d'Orléans, à l'occasion de ses noces, et de pierres précieuses par sa femme, Valentine de Milan, fut réparée à Paris en 1644. Les reliques motivèrent un procès à la ville de La Ferté ; Racine en parle (lettres du 4 nov. 1686).

Hugues de Pierrefonds, évêque de Soissons, institua en 1100 un prieuré de Saint-Vulgis et y mit des moines de Saint-Jean-des-Vignes.

Des contestations entre Saint-Vulgis et Saint-Vast (1210-1211) au sujet des droits curiaux revendiqués par l'abbaye de Sainte-Geneviève pour Saint-Vast, et par Saint-Jean-des-Vignes pour Saint-Vulgis, et concurremment exercés dans le château, furent terminées par Haymard, évêque de Soissons, qui donna la priorité à Saint-Vast dans la première enceinte et à Saint-Vulgis dans la deuxième, sauf conditions.

La chapelle de Saint Vulgis fut ensevelie dans les ruines du château, en 1594.

TEMPLIERS. — L'origine de leur établissement à La Ferté est ignorée ; ce fut entre les rues des Juifs, des Bouchers, de Reims et l'église Notre-Dame.

Ils évacuèrent en 1312, lors de la suppression de leur ordre, et laissèrent leurs biens à la Chartreuse de Bourg-fontaine. Ils avaient une église. Il ne reste plus rien d'eux.

HOTEL-DIEU — Il a pour origine une maison de charité formée à l'aide de secours donnés en 1194 par Eléonore de Valois et organisée en 1201 par son prévôt Thomas.

Elle donna en 1202 des terres sur Marisy et Mosloy. Les privilèges furent confirmés par Innocent III. En 1699, le 3 juillet, Louis XIV constata la fondation d'un Hôtel-Dieu proprement dit, y incorpora les maladreries de Chelles, Bonneuil, Courtieux, Vivières, Cuise-la-Motte, détachées de l'Hôpital de Pierrefonds, et donna la gestion à deux filles charitables, auxquelles furent substituées deux sœurs grises, puis deux sœurs de Saint-Thomas, ensuite des sœurs de l'Enfant Jésus de Soissons, en 1757.

Les emplacements successifs furent : au couvent de Saint-Michel ; rue du Lion, en 1552 ; rue Pomparde, vers 1600, où il est encore. Une construction entièrement neuve date de 1858. La directrice actuelle est la très respectable et très dévouée Mère Saint-Jean.

NOTRE-DAME DE BOURCQ. — Cette église, dont le curé en 1518 était Pierre Hardouin, fut interdite en 1748, le 28 mars, et démolie peu après. Il en reste un nom de lieudit *La Chapelle*, à la décharge des étangs. Le paysagiste Eugène Lavieille a très heureusement retracé les pittoresques sites de Bourcq (salons de 1859).

COUVENT DE LA MADELEINE, *au-dessus de l'église Saint-Nicolas*. — Il en resta jusqu'à la fin du siècle dernier une tour. Il fut rattaché au XI° siècle à Saint-Faron de Meaux (Bénédictins). L'église, ressortissant de Saint-Pierre de Charcy, devint chapelle en 1765. Le dernier prieur connu est l'abbé de Malézieux, conseiller en la Grande-Chambre [1778].

SAINT-MICHEL. — Ce couvent, dont l'église a disparu, relevait de Saint-Vast, fut assiégé en octobre 1652, par le duc de Lorraine, et abandonné le 18 octobre 1792, par 17 sœurs et 3 converses dont plusieurs se fixèrent à La Ferté où, en 1793, le gouvernament leur fit signer un acte de présence. Le couvent avait 10,765 livres de revenus. La transformation en magasins militaires dura jusqu'en l'an IV. Sur son emplacement est une maison particulière.

SAINT-LAZARE, fondé avec les dons faits en 1184 et 1194 par Eléonore de Valois, resta longtemps maladrerie. Villers-Cotterets y envoyait, dès avant 1340, ses lépreux. On lui adjoignit une maison religieuse où se réfugièrent, en septembre et octobre 1567, les Bernardins de Longpont échappés aux Huguenots. Jean Lhérmitte en était receveur le 1er avril 1614. En exécution de lettres patentes du roi, le 5 septembre 1616, l'abbaye de Longpont y plaça 5 religieux profès, dont le premier prieur fut Julien Warnier (1617-1648) qui commenta la *Coutume du Valois*. Le 13 octobre 1676, les religieux, prieur et couvent de N. D. de Saint-Lazare firent la déclaration des biens du prieuré de Saint-Lazare et de La Ferté-Milon pour la confection du terrier du Valois.

Le couvent fut détruit en 1792 ; les cellules évacuées ; et les revenus, 4,000 livres, confisqués par l'Etat.

ETUDES DE NOTAIRES.— Nous trouvons, dès 1470, un notaire à La Ferté : Jean Watier. Signalons encore : Jean Racine en 1598 ; Nicolas Racine, 1685-1691, cousin-germain du poëte ; Jean Fournier, 1647-1674, qui donna un drapeau aux arquebusiers.

En 1661, il y avait à La Ferté onze notaires ; en 1700, sept ; en 1706, trois ; en 1739, deux ; en 1801, trois. Il ne reste plus qu'une étude.

COLLÈGE. — Maison d'éducation fondée rue des Gallets en 1719, par Claude Hanivel de Mainnevillette, abbé de Valsery, à laquelle Véreux, officier au grenier à sel, donna, le 11 janvier 1737, 50 arpents de terre sur Boularre. Le même institua au séminaire de Soissons, une bourse en faveur de jeunes Milonais, à nommer par le prieur de Bourgfontaine. Chevallier, auteur d'*Essais Historiques sur La Ferté-Milon*, fut le premier boursier en 1742. Cet établissement tomba à la fin du XVIII^c siècle.

La SALLE D'ASILE, ouverte le 10 août 1854 et bénie le 16 avril 1856, est tenue dans une maison rue de Reims, aujourd'hui rue de Meaux, achetée le 13 mai 695, par Claude Racine, oncle du poëte, de René de Gresles, seigneur d'Ormesson ; possédée dès 1714 par Pierre Legivre, procureur, maire perpétuel de La Ferté, oncle de Chevallier, auteur des *Essais Historiques*,

Le GRENIER A SEL remonte à 1397 et avait pour personnel : président, 2 grénetiers. 2 contrôleurs, procureur, greffier, receveur, arpenteur, notaire, 4 huissiers. Un édit de décembre 1779 réunit l'office de grénetier alternatif à celui de contrôleur ancien. Les distributions s'y faisaient le lundi et le vendredi, et chacun des quatre jours de foire. Le grenier à sel occupa une maison 14 rue de Reims, en face la ruelle du four banal, attenant au logis de Racine-Gosset, aïeul du poëte ; puis, avant 1600, une maison rue du Bourg ou du Marché au Blé, vendue, le 7 juin 1624, par l'aïeul du poëte à Pierre Vitart, procureur ; enfin, à l'angle de la rue Pomparde et de la ruelle des Pierres.

Le MOULIN, au centre de la ville, est fort ancien. On y travailla le drap et l'huile. On y connait, en 1470, Husson Cappe, foulon de draps. En 1545, les 4 et 21 juillet, l'abbaye de Saint-Jean-des-Vignes loua à Guillaume Lemaire le moulin à blé, à Guillaume Lombart les fabriques de drap et d'huile, à charge d'entretenir de cire le cierge de Saint-Vulgis, au prieuré de ce nom. Le moulin fut vendu par l'Etat, le 27 mars 1791, à Modeste Suret.

L'OURCQ prend sa source à 4 kilomètres au-dessus de Fère-en-Tardenois et se jette dans la Marne à 12 kilomètres au-dessus de Meaux. Le projet de canalisation remonte à François Ier qui (Saint-Germain, 13 déc. 1526) accorda au prévôt des marchands et aux échevins de Paris, le droit d'entreprendre et de faire toutes avances, et de percevoir un droit d'octroi sur le vin. Les travaux ne commencèrent qu'en 1562, sous les auspices de Catherine de Médicis. En 1564, les premiers bateaux-flûtes partirent de La Ferté, après le spectacle du « Mystère de Sainte-Marguerite avec personnages » joué dans la cour du château. On abandonna le canal de 1580 en 1632; des réparations furent faites par Soligny et la navigation reprit en 1636.

ARQUEBUSIERS. — La compagnie milonaise reçut ses lettres de confirmation en 1612. Jean Fournier, notaire, lui donna un drapeau bénit le 4 septembre 1679 par le curé de Saint-Nicolas.

Les *picmards* de La Ferté-Milon, qui ne craignaient pas les dormeurs de Compiègne, les soupiers de Pont, les besaciers de Senlis, les bailleurs de Soissons, les veaux de Vailly, les vachers de Chauny, les fous de Neuilly, les cochons de Crépy. les fricoteurs de Vic-sur-Aisne, et n'avaient d'égaux que les corbeaux de Braine, gagnèrent, en 1700, le prix général de Charenton. Sous le capitaine Meunier de Saint-Gérard, seigneur de Silly-la-Poterie, les 21 tireurs milonais remportèrent, le 3 septembre 1718, sept prix contre 23 compagnies étrangères formant 191 tireurs. Supprimée en 1735 (édit du 27 août) rétablie en 1751 avec la permission du duc de Gesvres, gouverneur du Valois, et sous la protection du président du Rey des Meynières, seigneur de Bourneville, capitaine du château de La Ferté-Milon, la compagnie milonaise fit bénir son guidon le 22 mai 1752 et délivra le bouquet en 1778, au coup le plus près fait par l'une des provinces de Champagne ou de Picardie. Uniforme: veste de drap écarlate, parements et revers verts ; boutons, galons d'or sur les manches, culotte de drap couleur ventre de biche et boutonnières d'or.

ARBALÉTRIERS. — Une société organisée en 1763, dans les jardins du collège, prit part à un grand prix, en 1764, et disparut à la Révolution. Une autre formée en 1819 sous les auspices du lieutenant-général comte Dumas de Polart reçut de lui un drapeau et eut son siège au vieux château. Le roi de l'oiseau était président de droit. En 1862, une nouvelle compagnie institua un tir ruelle Porte aux Lettres (allée des Soupirs) sous la présidence de M. Godart, inspecteur des ports de l'Ourcq

ARCHERS. — Les compagnies d'archers avaient pour patron Saint-Sébastien ; celles du Valois eurent pour président l'abbé de Saint Médard de Soissons. Les réglements généraux d'arc de 1733 sont signés Arnaud de Pomponne, abbé de Saint-Médard.

Il y eut trois compagnies milonaises : la première au haut de la Chaussée : habit de camelot rouge à boutons argentés et boutonnières d'argent, poches en long, veste et culotte de fantaisie (règlement du 20 avril 1750) ; la deuxième, au château : habit de camelot bleu, boutons argentés et boutonnières d'argent, veste et culotte de fantaisie ; la troisième fondée en 1859.

Le duc de Gesvres accorda, en 1764, le bouquet à la première compagnie : la fête eut lieu le 21 mars. Il se tint au château, le 16 mai 1858, un bouquet provincial et un prix général auxquels prirent part 48 compagnies (1000 tireurs). Les 38 prix à gagner s'élevaient à 2000 francs.

RAPPORTS AVEC PORT-ROYAL. — L'origine en est inconnue, mais on constate qu'au XVII° siècle plusieurs milonaises, Suzanne Desmoulins, Marie Barillon et Anne Passart entrèrent en religion à Port-Royal ; que Lancelot, Antoine Le Maître et de Séricourt, exilés, trouvèrent asile à La Ferté, dans la famille Vitart, en juillet 1638 et août 1639 ; que Nicolas Vitart, conseiller du roi et procureur à La Ferté, se retira en 1640, avec sa femme et ses enfants, à Port-Royal ; qu'Agnès Racine, nièce de Suzanne Desmoulins, y fit profession, en 1648, sous le nom d'Agnès de Sainte-Thècle.

LES RACINE. — LA SOCIÉTÉ RACINIENNE. — En 1508, apparait un Jean Racine, notaire milonais ; à la fin du même siècle (XVI°) un autre Jean Racine, marié à Anne Gosset, et receveur des greniers à sel de La Ferté et de Crépy. Ces époux eurent quatre enfants, dont un fils Jean qui eut de Marie Desmoulins huit enfants. Le troisième Jean épousa Jeanne Sconin, le 13 septembre 1638. De cette union naquirent *Jean*, le poète, le 22 décembre 1639, et une fille Marie, plus tard Madame Rivière. L'acte de baptême de *Jean Racine* se voit encore aux archives de l'état-civil de La Ferté. Plusieurs maisons ont revendiqué l'honneur de l'avoir vu naitre : 3, rue Saint-Vast (on y voit un bas-relief en pierre, elle appartint à Sconin, aïeul maternel) ; rue Jean Racine, 17 et 25 ; rue des Juifs, 4 ; rue de Meaux, 21 ; rue Pomparde, 1, 3, et emplacement de l'Hôtel-Dieu ; rue Saint-Vast, 4.

Au centre de la ville le passant remarque, contre la Mairie, une statue en marbre blanc. C'est l'homme de la pensée, du génie. Il porte le costume dont les Anciens vêtaient

héros et poètes. Le statuaire, David d'Angers, revêtit l'illustre poète de la riche Chlamyde dont volontiers l'on couvre
Homère, Virgile, Le Tasse. Racine a la chevelure monu-
mentale de son époque ; une figure douce et noble, toute de
réflexion. La main gauche porte la tablette qui reçoit ses
pensées, et la droite, d'une énergique pression, retient sur
la poitrine le haut de la draperie dont un pan, dans une
retombée paresseuse, laisse à découvert les pieds nus. Un
cippe supporte une coupe et présente les titres de gloire du
poète. Une couronne laisse à peine lire ses premières
œuvres.

La statue, offerte par Louis XVIII, fut inaugurée le 29
septembre 1833.

En 1841, fut fondée une société littéraire dite *Société
Racinienne,* dont Béranger refusa la présidence que le duc
de Poix accepta : il y eut des membres illustres, un congrès
annuel, des mémoires couronnés, des récompenses décer-
nées. La société n'existe plus depuis 1847.

Le nom de Racine est un nom illustre entre tous, que
La Ferté-Milon peut inscrire avec un légitime orgueil dans
ses annales.

Maurice LECOMTE

TABLE

www.ingramcontent.com/pod-product-compliance
Ingram Content Group UK Ltd.
Pitfield, Milton Keynes, MK11 3LW, UK
UKHW022250070726
13613UKWH00005B/2203